童眼识天下 科普馆

汽车

童　心○编著

U0314703

化学工业出版社
·北京·

图书在版编目（CIP）数据

童眼识天下科普馆. 汽车 / 童心编著. —北京：化学
工业出版社，2019.9（2024.6重印）

ISBN 978-7-122-34662-9

Ⅰ.①童… Ⅱ.①童… Ⅲ.①常识课-学前教育-教学
参考资料 Ⅳ.①G613

中国版本图书馆CIP数据核字（2019）第109579号

责任编辑：张素芳 丁尚林 　　　　　　　　　　　封面设计：张 辉
责任校对：杜杏然

出版发行：化学工业出版社（北京市东城区青年湖南街13号 邮政编码100011）
印　　装：北京宝隆世纪印刷有限公司
889mm×1194mm 1/20 印张4 2024年6月北京第1版第6次印刷

购书咨询：010-64518888 售后服务：010-64518899
网　　址：http://www.cip.com.cn
凡购买本书，如有缺损质量问题，本社销售中心负责调换。

定　　价：22.80元

嘿，欢迎来到汽车收藏馆，这里有各种各样的汽车，有一些甚至是我们见都没见过的呢。怎么样，是不是已经看得眼花缭乱了呢？

虽然汽车的历史才只有100多年，但是它们已经发展成为一个超级庞大且功能完备的家族了。小汽车能带你来一场说走就走的旅行；大卡车跋山涉水将货物送往各个用户；呜呜哇哇叫着的警车让坏蛋们闻风丧胆……它们穿梭在城市的道路上，成为城市中一道独特的风景。

要是你觉得这些不够酷，那你还可以看一看科技感十足的跑车、激情澎湃的赛车、豪华舒适的房车……如果你觉得意犹未尽，不如和我们一起走进《童眼识天下科普馆——汽车》，与更多炫酷的成员来一次亲密接触吧。

目录
CONTENTS

嘀嘀嘀，你从哪里来

　　不管是上学还是出去玩，我们都离不开奔跑的汽车。它们又快又方便，早就成了我们生活的一部分，但是你知道汽车的来历吗？

在没有交通工具的时候，人们只能靠双脚探索世界。

独轮车是中国的一项发明，它只有一个大轮子，轻巧灵便，只需一个人操纵，最适合在崎岖狭窄的道路使用。

步行实在是太累了，人们开始寻找替代它的方式。以牛、马等牲畜作为动力的车出现了。

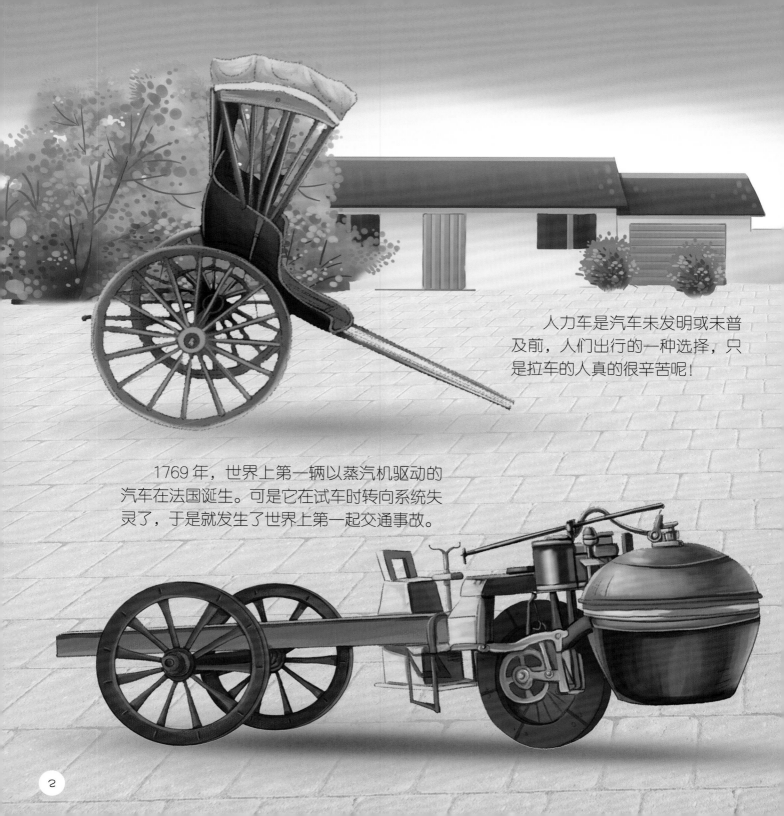

人力车是汽车未发明或未普及前，人们出行的一种选择，只是拉车的人真的很辛苦呢！

1769 年，世界上第一辆以蒸汽机驱动的汽车在法国诞生。可是它在试车时转向系统失灵了，于是就发生了世界上第一起交通事故。

1854 年，载客的四轮车出现，它的速度依然很慢，依然以蒸汽机为动力。

1885 年，德国的卡尔·本茨研制出世界上第一辆单缸汽油发动机驱动的三轮汽车，成为最早的现代汽车雏形。卡尔·本茨也因此被称为"汽车之父"。

同年，德国的戴姆勒和迈巴赫合作制造了一辆装有汽油发动机的摩托车。

1886 年，德国的戴姆勒给汽车装上了四个轮子，四轮汽车出现了。

发展到这儿，汽车还不是我们熟悉的模样。1891年，莱瓦索对汽车的结构进行了改造，设计出了现代汽车的雏形。这种汽车有离合器、变速器和后驱动轴，发动机也被装在了前面。

1913年，福特公司建成了世界上第一条汽车装配流水线，大批量生产适合普通老百姓的T型汽车，让汽车走进了越来越多人的家庭。

随着时间的推移，汽车越来越先进，外形更加漂亮，功能也更加完善。

汽车用处大不同

大街上的汽车可真不少，它们长得不一样，用处也大不相同呢！小朋友们知道这些汽车都是负责什么工作的吗？

普通运输汽车家族可真够庞大的。看，那些千奇百怪的汽车可都是它的成员呢。它们有一个共同的特点，都是用来运送乘客或货物。

马路上车来车往。小轿车、出租车、公交车、校车、客车……它们载着人们去上班、上学、旅行，看上去忙碌极了。它们都是普通运输汽车家族的成员。

当然，除了运送乘客，普通运输汽车家族还有货车，它主要的工作是运送货物。

7

专用汽车家族的汽车都有自己特定的用途，它们在自己的领域里发挥特长，为人类服务。随着技术的进步和人们需求的增加，它们的成员也越来越多了呢！

"滴嘟——滴嘟——"警车、救护车和消防车还没开到眼前，我们就能听见它们的鸣笛声。它们都是专用汽车家族的成员，还有环卫车、广播电视车等也都是它们的伙伴。

混凝土运输车、挂车、冷藏车等经过专门改造，这些用来运输专门货物的汽车也属于专用汽车家族。

你一定对特殊用途汽车家族很感兴趣，它们中的成员大多用于娱乐、竞技等场合，非常有趣。不论是体验刺激，还是尽情休闲，都是很好的放松方式哦。

房车是特殊用途汽车家族的一员，车里生活用具用品一应俱全，就像一个小"家"。

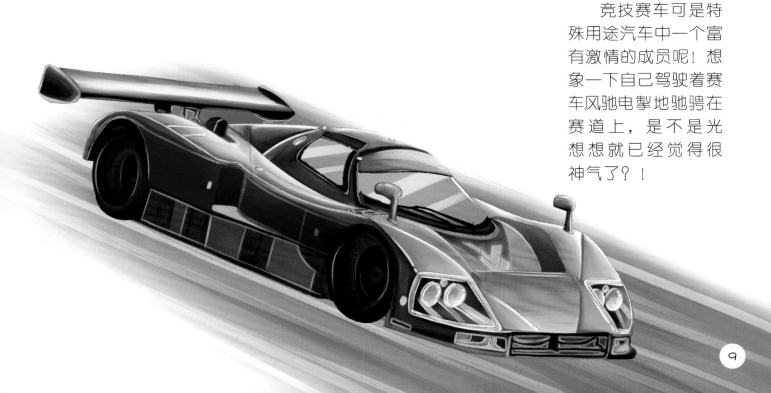

竞技赛车可是特殊用途汽车中一个富有激情的成员呢！想象一下自己驾驶着赛车风驰电掣地驰骋在赛道上，是不是光想想就已经觉得很神气了？！

有趣的"身体"

汽车是有"生命"的，它们也有"心脏""眼睛"，甚至"有血有肉"。就连性格也有的温柔、有的淘气，有的走路慢吞吞，有的不管干吗都急吼吼的。看样子，我们得好好了解一下它们。

车的"骨骼"

作为整辆车的支柱，车架十分坚固，能够支撑、负荷小汽车的重量和行驶过程中所带来的冲击。

心脏"怦怦跳"

发动机是汽车的"心脏"，它藏在发动机舱里。由于发动机有不同的型号，所以它们的动力也有强弱之分。哦，对了，千万不要忘记给汽车加油，否则它的心脏就会因缺少"血液"罢工呢！

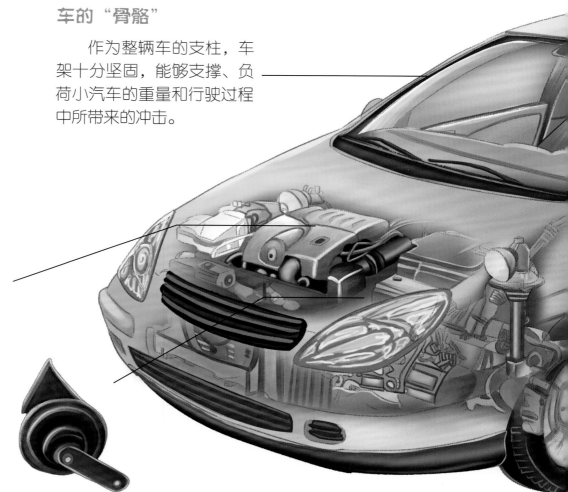

滴滴，请注意

汽车的喇叭藏在汽车前保险杠舱里，而控制它的按钮则被装在了方向盘上，只要轻轻一按，它就会发出响亮的声音啦。

外形大不同

大多数汽车的外壳都是由几块钢板组成的，它们在装配线上组装、喷漆之后，安装在底盘上，就构成了小汽车的外壳。

出发吧

现在的汽车钥匙真是越来越先进了，它发出的信号不但能开、锁车门，还能让我们不用插入钥匙就可以启动汽车呢。

安全带要系牢

乘坐汽车的时候一定要记得系好安全带，它能保障你的安全。

方向盘用处大

别看方向盘小小的，它的用处可大着呢，汽车行驶的方向可是完全靠它来控制的。另外，一些重要的操纵按钮也都在它的身上或身边呢。

黑黑的轮胎

轮胎的颜色都是黑色的，因为轮胎中含有一种特殊的物质——炭黑，它能够增加轮胎的摩擦力，让我们的出行更加安全。

汽车"身份证"

　　汽车的车头和车尾都要挂一个小牌子，上面还有数字和字母呢！这个小牌子就是汽车的"身份证"。有了它，汽车就变得独一无二了。仔细看一看，每个车牌上开头的汉字是省、市的简称，只要看一眼车牌，就知道这辆车来自哪里了。

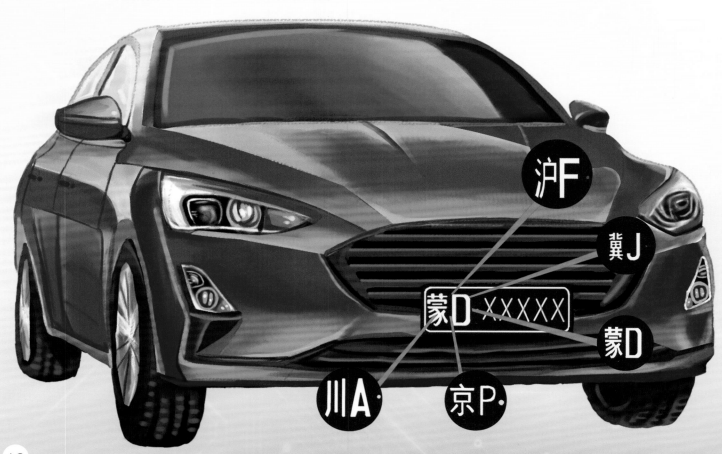

哪个座位最安全？

　　汽车的"肚子"是车厢，里面的是座位，算上驾驶位，家用小汽车的座位一般是 5~7 个。那么，小朋友们，你知道哪个座位最安全吗？告诉你吧，对于五座的小汽车来说，副驾驶座最危险，而后排中间的座位是最安全的。不过，我要告诉你的是，谨慎慢行、系好安全带才是安全的前提。

个头有大小

　　轿车家族的成员不少，弟弟"迷你车"，它的个头很小，车上只有两个座位。哥哥"加长车"就是个大块头，它的车厢里的空间很大，看上去很豪华。

突突突——拖拉机来了

　　农业生产中有不少专用机器，比如抽水机、播种机、插秧机等，它们统称为"农机"。要说这个大家族里，资历最老、辈分最大的，那肯定非拖拉机莫属。"突突突——"你看，它来了！

农业好帮手

　　拖拉机可是个身强体壮的选手，一直以来靠马力纵横田野。强壮的拖拉机就像个火车头，后面可以挂上各种各样的工具，比如割草机、挖坑机、深耕犁等，拖拉机只需要提供强大的动力，后面的工具就可以工作了。有了这个好帮手，农民伯伯下地干活也变得轻松多了。

前后车轮不一样

拖拉机的轮子长得可怪啦，明明有四个轮子，后面的两个却比前面的大了很多。其实呀，前面的两个小轮子只是用来控制方向的，后面"大家伙"的责任才大呢。它得"牵着"许多笨重的农具耕作，走在坑坑洼洼的田地里，只有宽宽大大的轮子，才能把重量分散到地面上。

拖拉机大嗓门

你要是见到正在工作的拖拉机，一定会觉得它太"吵"了。其实这是因为特殊的"工作性质"，使它的"心脏"很强大，马力十足。为了保证强劲的动力，它要"喝"能量大的柴油，柴油机震动大，也没有穿"隔音外套"，所以拖拉机是个"大嗓门"。

嘀，上车请刷卡——公交车

小轿车好是好，但如果每个人都开车出行，得给我们的环境带来多大负担呀！要我说，不如去坐公交车，既便宜又快捷，还能减少污染呢！

记得刷卡哦

乘坐公交车出行实在是便宜又方便，可是上车的时候可别忘记刷卡哦。如果没有公交IC卡，可以去网点办理，也可以选择手机支付或者投币。但是投币需要准备零钱，公交车是不设找零的呢。

公交车站点多

在乘坐公交车之前，一定要看好站牌，这样才知道坐哪辆车能到达目的地。公交车的站点是在对人口密度、路线长短等进行测评后设置的，让更多的人得到便利。

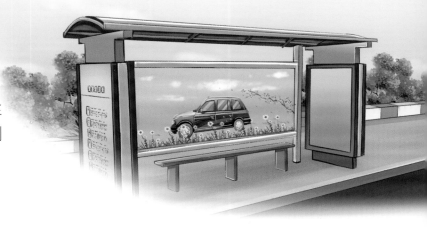

逃生锤用处大

万一公交车在行驶途中遇到了危险，车门又无法打开可怎么办？别担心，每辆公交车都配备了逃生锤，用它把玻璃敲碎就可以逃生了。但是要记住平时不可以乱动哦。

车厢里面瞧一瞧

公交车里面不仅有座位，还有宽宽的通道，两边还贴心地设置着扶手。另外，公交车上还有几个与众不同座位，它们往往分布在距离车门、窗户近的地方，这些是"爱心座椅"，是专门给老幼病残孕或行动不方便的乘客准备的。

招手停一停——出租车

当我们在街上走累了，附近又没有公交站点，该怎么办呀？别急，我们可以"打的"啊。看见一辆显示"空车"的出租车经过，招招手，它就会停在你面前了。

城市名片

最初，什么颜色的出租车都有，很多"黑车"都混在里面滥竽充数，宰客现象非常严重。后来它们渐渐规范起来，整个地区或各个公司的出租车统一了车身、座椅的颜色，既方便乘客辨认，又便于政府管理，甚至成了代表自己城市的名片呢。

出租车名字多

计程车、的士、TAXI，它们跟出租车是同一种东西吗？当然是了，这些只不过是出租车在不同地区的不同叫法。

出租车咋收费？

"打的"当然也是要收费的，乘坐它的费用要比公交车、地铁等贵一点。不过你放心，它的价格绝对公道，因为它装有非常精准的计价器，能根据路程距离为你计算出相应的价格。

大多是手动挡？

爸爸说出租车大多数都是手动挡的，真的是这样吗？原来，手动挡的汽车结构和系统相对简单，不容易发生故障，司机叔叔因此可以省下不少保养、维修的费用。不过，自动挡的出租车也越来越多了，毕竟对于司机叔叔来说，舒适、省力也很重要呀！

救死扶伤好帮手——救护车

一辆白色汽车闪着灯呼啸而过，那就是救护车，它正争分夺秒地挽救病人的生命。除了急救，在拥挤的高速路段、大型体育赛事上，我们都能看见救护车的身影，它就像一位救死扶伤的白衣天使，时刻守护着我们。

小小"药房"

急救药箱就是救护车上的"小药房"，里面装着纱布、绷带以及很多种必备的急救药品。医护人员能对病人进行急救或简单的伤口处理。

氧气瓶

氧气瓶是救护车上必备的设备，很多危重病人都需要它。

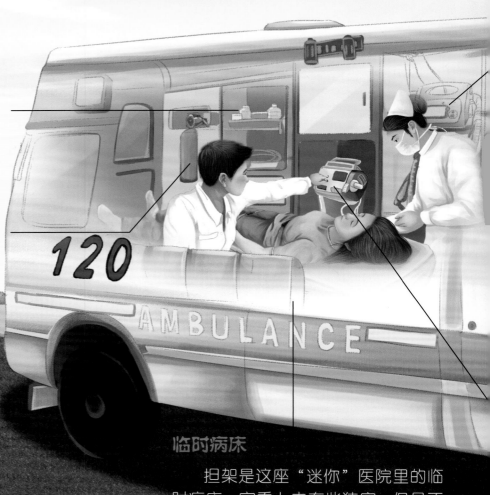

有秩序后门

救护车的后门分为两扇，可以向两边开启，这样的设计是为了让运送伤员的担架可以轻松地进出。

临时病床

担架是这座"迷你"医院里的临时病床。它看上去有些狭窄，但是不用担心，担架上的安全带可以稳稳地固定住病人，保证他们的安全。

专业"天使"

　　救护车上的医护人员一般都能进行高水平急救处理。他们会根据病人的情况，采取不同的抢救措施，而且会将病人的各种数据，通过无线电传送给医院，让医生们能提前做好准备。

心电监护仪

　　对于急救病人来说，时刻监测他们的心电图、呼吸、心率、血压以及血氧饱和度等参数是十分重要的。一旦出现异常，心电监护仪都会发出警报，医生就会及时实施抢救。

听诊器

　　听诊器是医生的好帮手，它能帮助医生初步判断病情，然后进行对症检查和抢救。

除颤仪

　　如果病人发生了心脏骤停，就得让除颤仪出马了。将电极板连接在病人的胸部，利用除颤仪发出的强大的电流，刺激病人的心脏，使其恢复跳动。

蓝色蛇杖

咦，救护车的车身上有一个蓝色的标志，仔细看一看，原来是一条蛇盘绕在手杖上的图案。在西方的神话中，灵蛇象征着健康长寿，神杖表示要云游四方、为人治病。所以，西医会以蛇杖作为自己的标志。

救护车来了，快让路

　　快看！救护车的警笛一拉响，路上的汽车就像商量好了一样，纷纷靠向两侧，给救护车让出了一条"生命通道"。大家都知道，没有比抢救生命更紧急的事。如果谁要是坚决不让路，还可能受到法律的制裁呢！

站住，我是警车

我是一辆威风凛凛的警车，现在我正奔驰在马路上，要和我的警员伙伴去执行任务——抓一个逃犯。

我知道你在哪

我还装备着非常先进的定位系统呢，不管坏蛋往哪个方向跑我都能知道。另外我也能通过定位系统获得同伴的位置，并尽快赶去支援。

结实的身体

有特殊身份在身，我的装备当然也不一样啦。就比如我的身体吧，它是由加厚的钢板制造的，结实着呢。这样才能最大限度地保证警察伙伴们的安全啊。

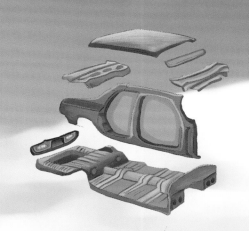

保持联络

如果遇到难缠的家伙，我们就需要集体行动。为了能够实时保持联络，我们每个成员都配备了对讲机，大家完美配合，坏蛋你别想跑！

警灯闪啊闪

瞧，我头顶上红蓝色的警灯，一闪一闪的，两种颜色交织在一起，是不是很显眼，这样人们站在大老远就能看见我了。

救火先锋消防车

对火的使用，使人类文明迈入了新的时代。可是火并不好控制，一不小心就容易造成火灾。还好现在有了我们消防车，就可以大大减少火灾造成的危害了！

红色最惹眼

在可见光中，红色是最惹眼的，很有穿透性。因此我们消防车都漆成了红色，好在风雪飞扬、雾霭弥漫的天气里，也能让人们很容易发现，并主动让出抢险救援的道路。

车门暗藏小秘密

消防员们穿着的作战服装非常厚重，所以我的车门加大了开启的角度，并且还安装了方便上下车的阶梯和扶手。

好多按钮啊

　　看我的操作台，上面有让人眼花缭乱的按钮。我身上背的所有设备可都要听这些按钮的指挥呢。

警示灯，闪呀闪

　　我的头顶是红色的长条警示灯，当警灯闪烁，再配合着特有的警笛声，沿途的车辆和行人早早就为我们让路了。

云梯消防车

　　我是云梯消防车，最显眼的地方就是可以伸缩的云梯。云梯平时都是收起来背在背上的，到了需要的时候，云梯就会升起来。云梯带有升降平台，还配备了一些灭火装置，可以送消防员们去高处执行救援和灭火任务。

排烟消防车

你一定和我一样好奇，排烟消防车用在哪里呢？在一些储物的仓库和地下建筑等地，由于环境比较封闭，发生火灾时大量的浓烟和有毒气体不能及时排出，非常不利于救援。这时排烟消防车就派上了用场，它吸走了浓烟，消防员叔叔们就可以顺利进入火场扑灭火灾啦。

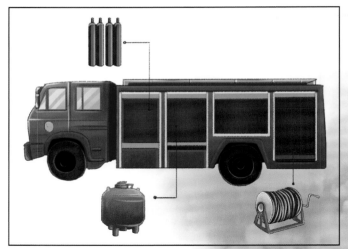

干粉消防车是易燃液体火灾的克星，对于管道火灾的扑救效果最好。除此之外，它还能有效扑救可燃气体火灾以及带电设备火灾。当然，对于扑灭一般的火灾更是不在话下了。

泡沫消防车

消防水泵和水罐是泡沫消防车必备的设备。不同的是，泡沫消防车除了这些设备外，还有泡沫液罐、泡沫混合系统、泡沫枪等专用设备。当石油、工矿企业、港口等发生火灾时，它就可以利用泡沫液和水按比例混合喷出泡沫，火灾很快就会被扑灭啦！

我是夜里的明灯

夜晚黑漆漆的，根本看不清火灾周围的情况。这就需要我们照明消防车登场了。我配备了齐全的照明设备，有提供电源的发电机、可以高高升起的升降照明塔和可以移动的照明灯具。有了我的这些宝贝，消防车伙伴们就可以安心地在夜里扑灭火灾，展开救援了。

涡喷消防车

　　我是涡喷消防车，别看我是消防车家族里年轻的新成员，我的本领可一点都不小。我的涡轮喷气发动机产生的气流能把水或其他灭火剂雾化成细小的颗粒，具有很好的阻燃、降温作用，从而迅速扑灭火灾。

机场救援车

　　飞机需要携带足够的燃油保证自己到达目的地，因此，飞机起火是很容易引起爆炸的，那对机场来说可是毁灭性的打击。我的任务就是尽快扑灭火灾，争取一切时间解救被困在飞机里的幸存乘客。

越野？我在行——越野车

嘿，小朋友们，我是汽车家族的大块头——越野车，不管是高低起伏、荆棘丛生的山地，还是坑坑洼洼、又湿又滑的河滩，对我来说都是小菜一碟。

颠簸也不怕

我的身体配备了很厉害的减震系统，有了这些超棒的减震器，即使路途崎岖，我的乘客也不会觉得很颠簸了。

轮胎不一般

　　我的轮胎不仅又大又厚，上面还有深深的花纹哦。这样的轮胎能增加摩擦力，即使走在湿滑的路面上也不容易打滑。另外，我的轮胎还有很多种，比如雪地轮胎、越野轮胎、攀岩轮胎……它们能适应各种环境呢！

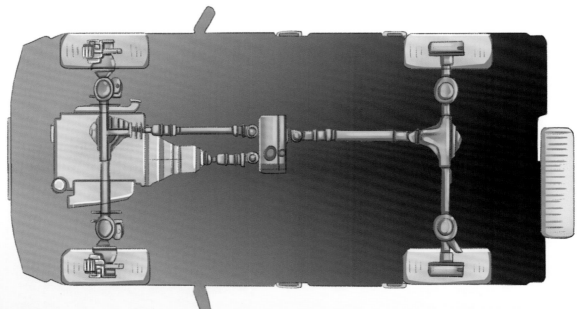

"四轮驱动"是什么？

　　你不知道吧，我们越野车都是四轮驱动的，发动机动力被分给了四个轮子。这样，轮子遇到障碍时就有了足够的力量，能够轻而易举地越过去。

是车还是船——水陆两用车

小朋友们出行要乘汽车，去水里玩要坐船，如果有会变身的小汽车就好了，它能在路上"飞奔"，又能去水里"游泳"。告诉你吧，你要的这种小汽车还真有，它就是水陆两用车。

小汽车，变身！

两用车这么厉害，它的轮子一定与众不同吧！就知道你会这么猜，事实上，水陆两用车在陆地上行驶的时候，用的是和普通小汽车一样的轮子或者履带。而下水之后，起作用的则是车尾的螺旋桨，旋转的叶片像小手掌一样，把水拨到"身后"，这样小汽车就有了在水中前进的动力。

回溯历史

　　水陆两用车已经有上百年的历史啦，第一辆水陆两用车是一个美国人发明的，这辆车还是以蒸汽为动力的呢，上面装了轴和桨轮，更像是一个装有轮子的船。真正意义上的水陆两用车是第一次世界大战期间为了军事建造的，后来经过发展改装，出现了现在各种风格的"两栖车"。

两栖"动物"作用大

　　两用车的特殊技能注定了它的不平凡。在专业领域，它可以穿过江河湖海，抢滩登陆，也可以在洪涝频发的地方运送物资、灾区救援。在休闲娱乐方面，它可以带你穿越海峡、环游大海，在一些水岸城市，它还能变身观光巴士呢！

会跑的房子——房车

汽车出现以前，人们心里就埋下了"带房子上路"的种子。从吉卜赛人的大篷车，到露营爱好者自制的木头房车，再到今天设备齐全的"家"，房车已经走过了将近二百年的历史。

车轮上的家

一定有人皱眉头，住在车上能舒服到哪去？我带你参观一下就知道了。你看，房车上有宽敞的卧室、明亮的客厅、干净的厨房和卫生间，还有空调、电视、冰箱……在这里生活就像在家一样！

玩累了洗个澡

在房车上生活，用水会不会不方便呢？才不会呢，房车上有专用的集水箱，可以满足我们的日常所需，做饭、洗澡，都不在话下。万一带去的水用完了也别担心，房车有专门的加水口，外出的时候随时都可以加水。

一家人去旅行

当然啦，房车最重要的属性还是"车"，它可以拖着这个温馨的家停停走走，找到一处风景优美的地方就停下来"安家落户"。

污水去哪了？

不论在哪里都要讲卫生，污水可不能乱倒。房车上配备了大容量的废水箱，生活污水都存到了这里。但是，废水箱容量有限，要记得及时通过排水口排出哦。

"电"从哪来

　　房车上那么多电器设备，那么电是从哪来的呢？原来房车上有大马力的发电机，在行驶的过程中可以给房车的电瓶充电。而且呀，"房"和"车"的电瓶是互相独立的，不会互相损耗。除了发电机，还可以把车开到房车营地，那里有外接电源和太阳能，都可以给我们的"家"提供充足的电量。

出游新选择

　　小朋友们肯定在想：房车出游一定很贵吧！事实上，对一个小家庭来说，驾驶房车出行可比坐飞机、住酒店划算多了。而且房车在营地随停随走，还能节省不少土地资源呢。偷偷告诉你，就因为房车方便又实用，选择它的人越来越多。甚至有的人连房子都不住了，直接把家"搬"到了车上！

面包 + 车——面包车

唉？那辆车圆乎乎的，真像是面包店里的吐司面包，还别说，这辆车的名字真的就叫面包车。

没有"黑面包"？

在马路上，为什么很少见到黑色面包车呢？其实，大多数面包车不会选用黑色，是因为面包车车身的质量不够好，一旦在夜间行驶，黑色的车不容易被看见，就很容易发生交通事故。

藏起来的发动机舱

以前的面包车身体圆鼓鼓的，没有前面的"鼻子"，那么它的发动机舱去哪了？其实呀，大多数面包车的发动机舱都藏在驾驶座下面，把座位放倒才能看见。这样一来，车厢的空间就更大了。

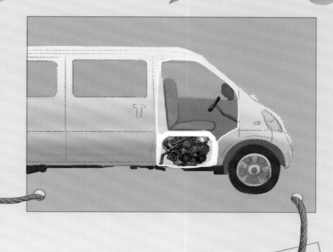

个头有大小

面包车可以分为"大面包""中面包"和"小面包"。它们的大小不同，座位数也不一样，"小面包"上只有6-8个座位，"中面包"里有9-12个座位，而"大面包"上有13个以上的座位呢！

商务车，功能多

我们今天的主角是商务车，它还有自己的英文名字——MPV。它的模样和面包车有些像，但它们可不一样。

我会变身

商务车上有 7-9 个座位，甚至还有 11 个座位的，空间可真大。这些座位不只能用来坐人。它们还会变身呢！放倒了变成张"单人床"，折叠起来变成"储物仓"，真是集轿车、旅行车、货车的功能于一身呀。不仅如此，车上还有无线网络、车载冰箱、办公桌……简直就是一个"移动的办公室"呀！

和面包车比一比

面包车和商务车可不一样，面包车的发动机和座位是待在一起的，商务车的发动机和座位可没有这么熟，它们是分开的。另外，商务车更加舒适，而面包车更加经济实惠。

赛车往前冲

小朋友们有没有看过赛车比赛呢？一辆辆小汽车像闪电一样冲出去，还没等大家看个清楚，它们就已经消失得无影无踪了。

速度机器

赛车，就是"快"的代言人。在赛场上，赛车激起的气浪简直能把小朋友掀个大跟头。你看，赛车手们驾驶着赛车，在赛道上风驰电掣、石火电光，穿越弯道时的速度更是让人不敢眨眼。你能相信吗？赛车的平均速度可以达到 300 千米 / 小时，就跟高铁差不多！

尾翼的作用

你看，赛车后面有一个尾翼，这个尾翼的作用可大着呢。尾翼的专业名字叫"扰流板"，它不仅让赛车看上去潇洒漂亮，还能减少车尾的升力，让汽车在高速行驶中更加稳定。

"趴"在地上的 F1 赛车

和其他汽车不一样，F1 赛车总是"趴"在路上，这是为什么呢？原来啊，赛车这样设计的原因是为了降低重心。赛车在转弯时，会受到离心力的影响，汽车的重心越高，受到的离心力越大，如果速度非常快的话，就很容易翻车。

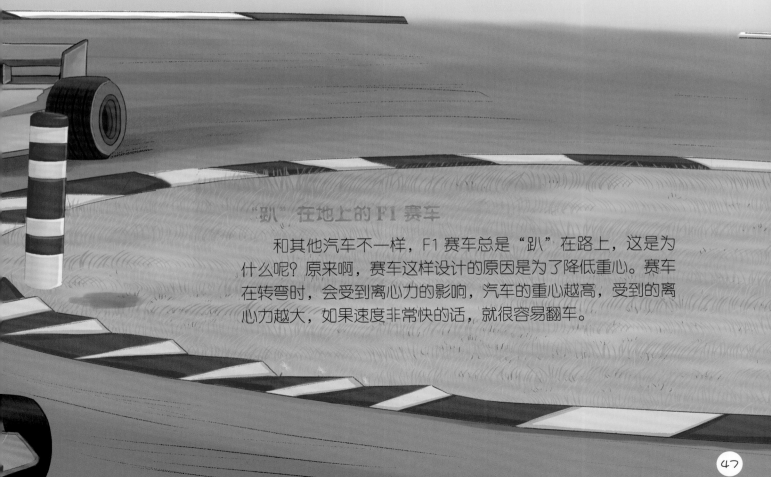

乘着跑车兜风去

如果选拔汽车家族的颜值担当，那一定要考虑一下跑车了。你瞧，它的线条流畅、外形焙酷，跑起来的速度更是可以称得上风驰电掣。

低一点，再低一点

跑车拥有流畅的线条和低矮的车身，越是高级的跑车底盘越低。这样的身体设计可是有理由的，低底盘可以降低重心，流线型的车身让跑车受到的空气阻力更小。对追求速度的跑车来说，这些都是很重要的。

跑车不能上高速？

跑车既然跑得这样快，那么为什么很少在高速公路上见过它呢？这是因为，跑车的低底盘往往应付不了高速路上的减速带，而且跑车的油耗非常大，万一在路上没油了，那真是太尴尬了。

车门也"炫酷"

一辆帅气的跑车，打开车门的方式也要炫酷起来。瞧，它们有的是剪刀门，耸立起来的车门英姿飒爽；有的是鸥翼门，打开的车门展翅欲飞；有的车门侧滑或是反向打开，很是别具一格。

不喝油的新能源汽车

你是不是不喜欢车里的汽油或者柴油味，甚至会因此晕车，有了新能源汽车，就不用再烦恼了。这些"新新车类"靠电、太阳能等能源提供动力，不需要燃烧汽油或者柴油。

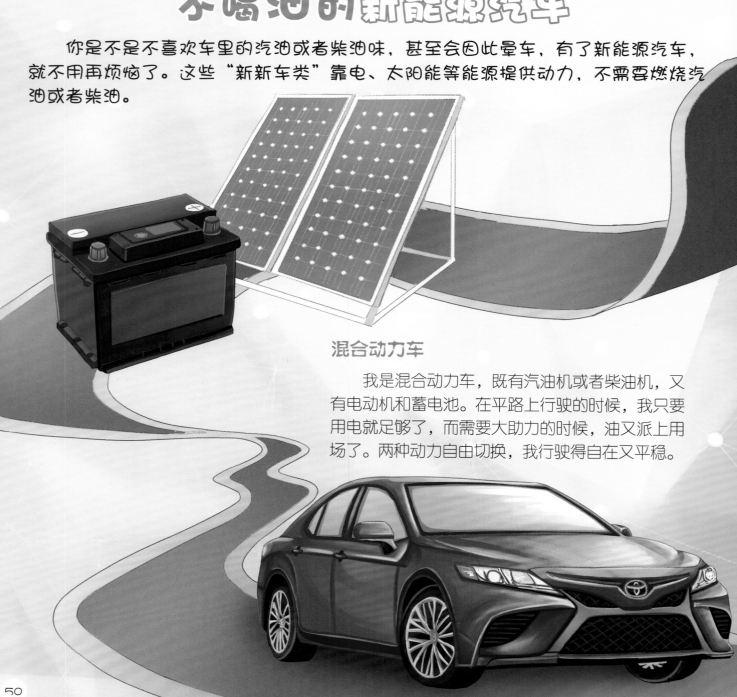

混合动力车

我是混合动力车，既有汽油机或者柴油机，又有电动机和蓄电池。在平路上行驶的时候，我只要用电就足够了，而需要大助力的时候，油又派上用场了。两种动力自由切换，我行驶得自在又平稳。

充电就能跑

我是纯电动的小汽车，只要充好电就能活力满满地上路了。不过，现在的我受电池续航里程的限制，还不能进行长途旅行。但相信在不久的将来，我一定能载着你周游世界。

太阳来发电

要说最清洁、环保的能源，那可非太阳能莫属。而我，就是一辆太阳能汽车。我能用电池板吸收太阳能，然后转换成电能。有了电，我就能跑起来了。

嗨，大卡车

要我说，力气最大的车应该就是大卡车了！它能"扛"起那么重的货物，可真是不得了！

你好，大卡车

卡车也叫货车，是专门用来运送货物的。而且，运输的货物不一样，使用的卡车也不一样呢！你看，带着大翻斗的土方车灰头土脸，正一趟趟往建筑工地运着泥土和砂石；背着密封箱的货柜车行色匆匆，它可不想让"背上"的蔬菜、水果不新鲜。

卡车力气大

大卡车的力气可真大，甚至还能拉飞机、火箭和大炮呢！卡车为什么会有这么大的力气呢？原来，卡车的发动机更加强壮有力，可以提供更大的能量。而且，卡车后面的车斗很大，有时会有很多节，当货物被分散装载时，重量也就被分散开了。

安全最重要

不知道从什么时候开始，卡车已经成了不少人眼中的"马路杀手"。这是因为卡车自身的重量已经不轻了，再"背"上沉甸甸的货物，卡车就更重了。一旦发生紧急情况，大卡车很难立刻刹住车。所以如果在路上遇到装满货物的卡车，可一定要保持安全车距哦。

轮子可真多

大卡车一般都是用来运输"重量级"的货物的。货物越重，就需要越多的轮子来分担重量。这样既能减轻卡车自身的损耗，又能使马路不受到太大伤害。要知道，世界上轮胎数量最多的卡车，竟然有 1152 个轮子呢。这辆卡车最惊艳的一次"亮相"，就是在港珠澳大桥的修建时，它自己就能撑起一段桥梁！怎么样，是不是很厉害？

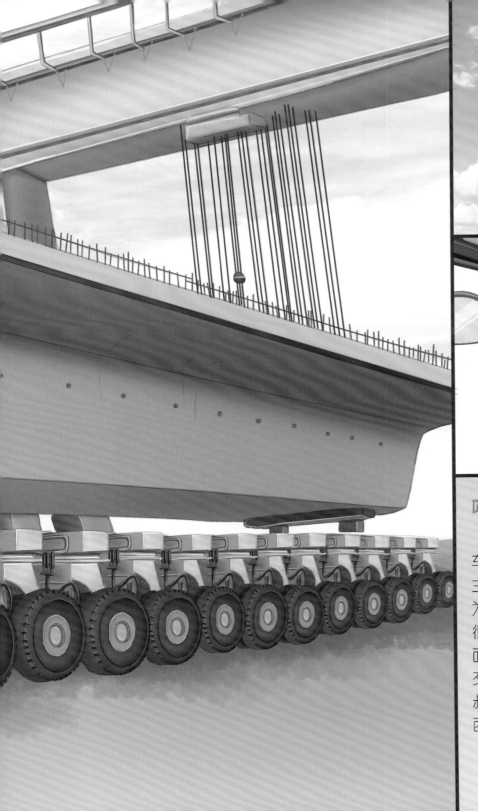

哇！好多小镜子

不知道你有没有注意到，大卡车的后视镜可比小汽车多多了，有主后视镜、广角镜、盲点镜。这是为什么呢？原来，大卡车的驾驶位很高，司机叔叔看不见挡风玻璃下面和右侧门外的事物，很容易发生交通事故。有了这些小镜子，司机叔叔就能看见"视觉盲区"里的东西，避免意外的发生。

大客车，"肚量"大

外面春意盎然、生机勃勃，真适合出游踏青呀！赶紧叫上爸爸妈妈还有好朋友，来一场说走就走的旅行吧。不过，"大规模"出动可能会让爸爸面临一个幸福的小困扰：小轿车可装不下这么多人啊！这有什么，我们去坐大客车不就行了！

拉人就找我！

客车的"天职"就是负责把乘客拉到目的地，而且根据"体型"大小，它们的载客量也不同。小型客车，可以装进几个人；中型客车就更能装了，十多个人都不在话下；至于大型客车，有的甚至能装下五十多个人。世界上最大的客车，能坐下三百多人呢！

站起来的挡风玻璃

　　轿车的挡风玻璃是"趴"在车架上的，这是为了不影响司机叔叔的视线。那为什么客车的玻璃是"站"起来的呢？原来啊，客车的前窗距离地面比小汽车高多了，司机叔叔是向下看马路和行人的，所以即便车里的虚影反射到车窗上，也不会影响到司机叔叔。不仅如此，车窗"站"起来，还能让驾驶室宽敞一点，让司机叔叔开起车来更舒服。

赶飞机的大客车

出去旅行难免遇到乘飞机的情况，可如果飞机停在了远机位该怎么办呢？总不能走过去吧。别担心，有一种特殊的客车可以帮助你，它就是机场摆渡车。

为啥底盘这么低

摆渡车的底盘真低，它就不怕被磨坏吗？原来呀，摆渡车主要行驶在停机坪上，道路平坦极了。重要的是，乘客中有不少提着笨重行李、行动不方便的人，低底盘能让他们更方便地上下车。

座位可真少

摆渡车长得跟公交车差不多，怎么座位这么少？这是因为摆渡车行驶的时间很短，一般只有十几分钟而已，人们还没等感觉累就已经到地方了。而且座位一少，车里的空间就更大了，这样，摆渡车"出勤"一次，就能拉更多的乘客。

小朋友，请上车——校车

你听，是谁在发表演讲？"我的体格强健，内心无比强大，我每天护送小朋友们上下学，是孩子们最忠诚的'保镖'。"你一定听出来了，这个忠心耿耿的"大个子"不正是校车吗！

排队坐上小黄车

街上的小汽车五颜六色，但是校车却一直都是黄色，这是为什么呢？原来，在可见光中，黄色十分显眼，即使在黄昏、大雾的天气中，黄色也很容易被看见。这样就可以让过往的车辆发现它，而且注意避让。

见到我请停下

一般来说，校车的身上都带着一只写着"停"或"STOP"的停车臂。行驶时，停车臂乖乖地贴在车身侧面，当需要停车上下学生的时候，停车臂就会伸出去，警示路过的车辆停车避让，避免发生危险。

校车有个长鼻子

校车长得可真奇怪，明明是个大巴士，怎么长了个长鼻子呢？原来，"鼻子"是发动机舱，把它安置在车头前面，即使发动机起火也不会烧到车身。一旦遭到正面撞击，"鼻子"还能起到缓冲作用，最大限度保证小朋友们的安全。

带货箱的小轿车——皮卡车

有这么一种车，它既是小型卡车，又是运动越野车，有些时候还能充当豪华轿车，它就是皮卡车。

特别的外号

皮卡车的前半截是优雅的轿车，后半截却是粗线条的大货厢。怪不得它还有一个有趣的名字，叫"半截美"。既有轿车的舒适性，又有货车的实用性，皮卡车真可算是内外兼修呢！

皮卡文化

在美国，皮卡已经成为西部牛仔和农场文化的象征，它结实耐用，功能多种多样。收拾房子的时候，它跑来跑去帮忙搬东西；庭院杂草丛生，它就化身"小拖拉机"，在身后挂上除草设备；周末和家人一起外出游玩，它又"任劳任怨"地背上帐篷和野餐食物。你看，皮卡能够满足大家方方面面的需求，怪不得这么多人喜欢它呢！

冷藏车，冰冰凉

在烈日炎炎的夏天，小朋友们吃的水果、雪糕、奶制品，不少都是从其他城市运过来的。你是不是心里有个大大的问号：这么热的天气，食物在运输的过程中怎么没有坏掉呢？告诉你吧，这都是冷藏车的功劳。

封起来的大冰箱

冷藏车里之所以能冰冰凉凉的，靠的是制冷机组的工作，它为冷藏车的车柜提供源源不断的冷气。不仅要生产冷气，还不能让冷气跑出去，所以冷藏车的车柜是用特殊材料制作的，可以更好地密封和保温。

白色，还是白色

冷藏车不管车身是什么颜色，车柜总是白色的。你知道这是为什么吗？原来，因为白色的反光效果最好，它能把光线的热量反射出去，这样冷藏车就不会吸收太多来自太阳的热量了。

蒸发器

冷凝器安装位置

隔板

XXXXXXX

雪地行驶我最棒——雪地车

下雪了，路面上积了一层厚厚的雪。爸爸小心翼翼地开着车，生怕一不留神打了滑。那么，有什么车子能在雪地畅快行驶呢？别着急，这就要轮到雪地车登场了。

车轮真奇怪

雪地车能不惧冰雪，可多亏了它特殊的轮子。它的轮子往往长成履带或"滑板"的样子，宽宽的橡胶履带既不怕滑，又能帮助小车保持平衡，而前面的滑板更是乘风破"雪"、一往无前。有了这样的轮子，雪地车自然能在冰天雪地中畅通无阻。

变身雪地"战车"

　　雪地车之所以在雪上所向披靡，主要靠的是它特殊的轮子。有人就给自己的车装上雪橇履带，抬高了底盘，增加了轮子的防滑性能，这样车子就变身成了"雪地车"，可以自由地奔驰在雪地中了。

"体态轻盈"的雪地车

　　一辆普通的雪地车只有几百到几千公斤重，和小轿车差不多。这个"体态轻盈"的小个子在雪地中十分灵活，不管是山坡还是洼地，都难不倒它！

咦，司机呢——无人驾驶汽车

哎呀！这辆车的司机去哪了？小汽车"独自"行驶在路上，万一出了交通事故怎么办呀！别担心，这辆小汽车可聪明了，它的"大脑"会发出指令，让它按照路线去往目的地，而且还会自动避开路上的危险呢！

小汽车的眼睛

视频摄像头可是无人驾驶汽车的"眼睛"，它能"看"到交通信号灯，还能在前后车载雷达的配合下准确地侦测到行驶路线上的车辆、行人以及障碍物。

每一辆无人驾驶汽车都有自己庞大的资料库。激光测距仪可以实时准确地将方圆百米内的地形图绘制出来，并传入车载电脑系统中。车载电脑的资料库对各条道路的情况了如指掌，所以无人驾驶汽车找路的能力可比人类厉害多了呢！

别走错路哦

监控车辆行驶路线可是卫星传感器的主要任务。当无人驾驶汽车在路上行驶的时候，卫星传感器就要时刻保持警惕，防止车辆偏离主人在导航仪上设置的路线。

名车大世界

你是不是很喜欢汽车呢？那你一定要来看一看世界名车博览。这里的汽车都是汽车家族中技术、品质上乘的佼佼者，我想你一定会喜欢的。

甲壳虫

甲壳虫汽车独特的造型、流畅的线条，样子非常可爱。受到"二战"的影响，1945年后，民用甲壳虫才开始大规模制造。几十年间，甲壳虫从未停止生产，这是任何汽车都无法比拟的。它的样子也没什么变化，但是技术和配置却与时俱进，紧紧追随着科技的步伐。

迷你库珀

虽然现在迷你库珀的持有者是宝马公司，但最早它可是由英国汽车公司设计生产的。这款车轻巧可爱，不论是老成持重的长者还是个性活泼的年轻人，都成为它忠实的车迷。它也因为优越的性能和亲民的价格成为不少人的购车首选。

林肯城市加长礼宾车

　　林肯城市加长礼宾车就是我们俗称的"加长林肯"，不论出现在哪里，它总能成功吸引人们的目光，因为它的身体实在是太长了。与之相对应的，它也拥有比其他汽车更宽敞豪华的车内空间，人性化的设计让乘客感到十分舒适惬意。它也因此成为成功人士的商务座驾，有时年轻人的婚礼也会请它出马呢！

路虎揽胜

　　上等的皮革、优质的木料、闪耀着光泽的金属装饰和质感厚重的地毯，这些都是路虎揽胜能带给你的奢华舒适的体验。虽然它的外表看上去并不太出众，但正是因为这份低调、优雅和从容，让它从汽车家族中脱颖而出，备受人们瞩目。

悍马 H6

　　悍马 H6 保持了悍马一贯的狂野风格，但它狂野的外表下却暗藏着细腻的"心思"。这款车不论是内饰布局，还是设备功能，或者是车辆性能方面，都透着人性化，狂野豪放与温柔细腻的碰撞让人无法不爱它。

Lykan hypersport

与其他老牌跑车相比，2012年成立的 W Motors 公司生产的跑车明显是新生力量。但"初生牛犊不怕虎"，Lykan hypersport 在品质上可一点也不差。该车造型动感、夸张，大量采用高强度、耐腐蚀、耐热的钛合金与碳纤维材料。当然，与它的品质相比，它的价格也丝毫不逊色。这款全球限量7辆的跑车，最低售价都达到了6000万人民币，最高的售价甚至将近1亿！

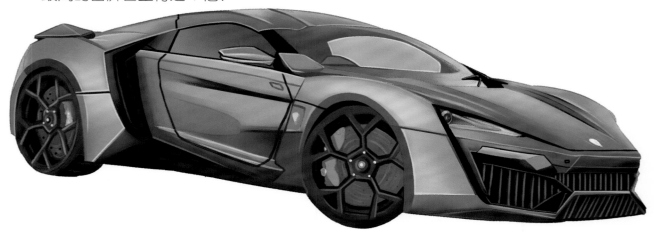

法拉利 FXX

法拉利 FXX 简直是太酷了，它是当时法拉利 GT 车型中最先进的。"物以稀为贵"，这款跑车仅产29辆，售价高达1300多万人民币。当然，有意思的是，即便你十分富有，也不一定能购买到它，它的购买者是由法拉利公司经过各种条件筛选后决定的。

劳斯莱斯银魅

　　虽然劳斯莱斯银魅早已停产了，但这丝毫不影响它在汽车史上的地位。正是因为它的出现，劳斯莱斯才被誉为"世界上最好的汽车"。这个"老古董"目前仅存一辆，价值达到了 15 亿人民币！

布加迪威龙 Grand Sport LOr Blanc

　　布加迪威龙这款跑车别致的样子非常引人注目，它看起来就像穿了一件青花瓷的外衣一样，淡雅又尊贵。事实上，它的制造也的确采用了陶瓷材质，并配以碳纤维、玻璃纤维和铝等高科技轻型材料。这种大胆的尝试在全球还属首例。

兰博基尼 Veneno

　　兰博基尼是我们耳熟能详的跑车品牌，它旗下的汽车同样以价格昂贵著称。这款毒药是兰博基尼汽车公司在 2013 年推出的纪念款超级跑车，最高时速能达到 354 千米，百公里加速只要 2.8 秒，这简直是太帅啦！

我们的汽车梦想

汽车随着科技的进步，变得越来越"高大上"，这让我们对未来汽车有了更多的期待。想知道未来汽车什么样？概念车告诉你。

梦想汽车

要问最先进、最环保、最前卫的汽车是谁，那就一定是概念车了。概念车是介于想象和现实之间的汽车，它既有能跑的能真正使用的汽车，几年之后就能出现在马路上为人们服务；也有集先进的设计、想象力和高科技于一身，但还不能跑的概念模型。

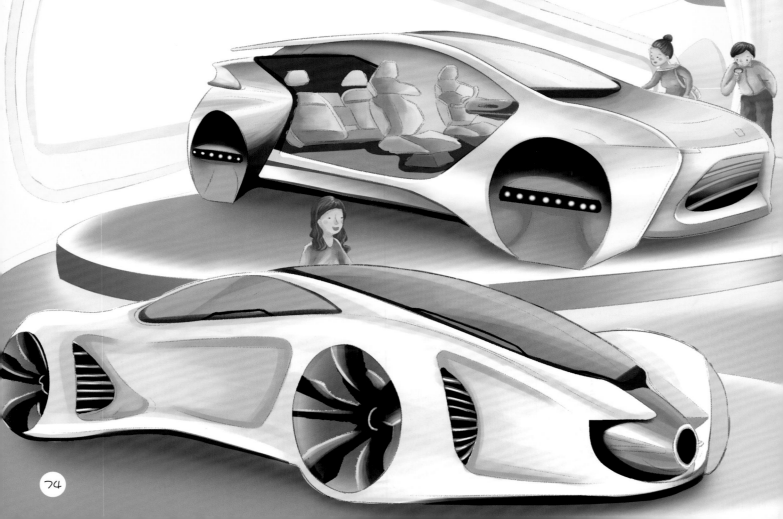

哦，那些车

如果参加概念车的车展，你应该会赞叹声不断。这不，那辆名叫 Calamaro 的车可以海、陆、空三栖行驶；那辆车名叫 Biome，不仅外形炫酷，排出的废气竟然是纯氧；那辆车是 F015，车里没有按钮，乘客可以通过手势和眼神控制汽车的一举一动，当然汽车的智能系统可以识别自己的主人……

电影明星

前卫而富有想象力的概念车虽然不能在现实中奔驰，但是它们却经常在科幻电影中亮相，例如《蝙蝠侠》的蝙蝠车、《创：战纪》中的光影摩托车、《全面回忆》里的悬浮战车……都是概念车中的大明星。

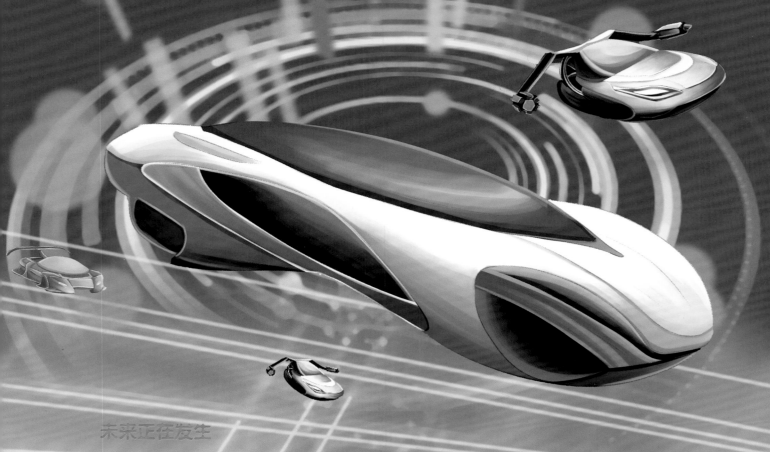

未来正在发生

科技的发展总是超乎想象，短短几年时间，无人驾驶、视觉感知技术，各种"黑科技"都变成了现实。而汽车从"遥不可及"到"飞入寻常百姓家"，也仅仅走过了一百多年。相信在不远的将来，那些还停留在想象中的概念车也会驰骋在马路上，甚至飞翔在天空中。

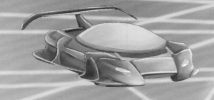